The Poems of
St. John
of the Cross

The Poems of St. John of the Cross

✢ ✢ ✢ ✢ ✢

TRANSLATED FROM THE SPANISH BY
Ken Krabbenhoft

ILLUSTRATED BY
Ferris Cook

Harcourt Brace & Company

New York   San Diego   London

Library of Congress Cataloging-in-Publication Data
John of the Cross, Saint, 1542–1591.
[Poems.   English]
The poems of St. John of the Cross/translated by
Ken Krabbenhoft; illustrated by Ferris Cook.—1st ed.
         p.   cm.
ISBN 0-15-100327-0
1. John of the Cross, Saint, 1542–1591—
Translations into English.
I. Krabbenhoft, Kenneth.   II. Cook, Ferris.   III. Title.
PQ6400.J8A253   1999
861'.3—dc21   98-35251

Text set in Minister Light
Design by Lydia D'moch

Printed in the United States of America
First edition

A C E D B

Contents

St. John of the Cross was born Juan de Yepes in the Castilian village of Fuentiveros in 1542. He entered the Carmelite College of San Andrés at the University of Salamanca in 1564 and graduated in 1568, the year he met the Discalced Carmelite St. Teresa of Avila and joined her monastic reform movement. He dedicated the rest of his life to founding and administering monasteries, teaching, and works of charity.

Much of the writing that has earned him a reputation as the greatest poet in Christian mystical tradition and a master of Renaissance Spanish verse was composed in the winter and spring of 1577, when he was held captive by fellow Carmelites hostile to the reform movement.

St. John of the Cross died in 1591 and was canonized in 1726.

The Poems of
St. John
of the Cross

Cántico espiritual

Esposa

¿Adónde te escondiste,
Amado, y me dejaste con gemido?
Como el ciervo huiste,
habiéndome herido;
salí tras ti clamando, y eras ido.

Pastores los que fuerdes
allá por las majadas al otero,
si por ventura vierdes
aquel que yo más quiero,
decidle que adolezco, peno y muero.

Buscando mis amores
iré por esos montes y riberas;
ni cogeré las flores,
ni temeré las fieras,
y pasaré los fuertes y fronteras.

Pregunta a las criaturas

¡Oh bosques y espesuras
plantadas por la mano del Amado;
oh prado de verduras
de flores esmaltado,
decid si por vosotros ha pasado!

Spiritual canticle

The Bride

Where have you hidden,
my Love, why have you left me moaning?
Like a stag you fled
from having wounded me:
I cried for you, but you were gone.

Shepherds, should you search
for your flocks on the prairie
and come by chance to see
the one I most desire,
tell him I, suffering from grief, will die.

In search of my lover
I will cross the mountains and the streams—
I will pick no flowers
nor have fear of wild beasts:
I will go past fortresses and borders.

She questions the creatures

O woods and wilderness
planted by my Love's own hand,
O lush green meadows
speckled with flowers:
tell me, do you know: has he passed near by?

Respuesta de las criaturas

Mil gracias derramando
pasó por estos sotos con presura,
e, yéndolos mirando,
con sola su figura
vestidos los dejó de hermosura.

Esposa

¡Ay, ¿quién podrá sanarme?
Acaba de entregarte ya de vero.
No quieras enviarme
de hoy más ya mensajero,
que no saben decirme lo que quiero.

Y todos cuantos vagan
de ti me van mil gracias refiriendo,
y todos más me llagan,
y déjame muriendo
un no sé qué que quedan balbuciendo.

Mas, ¿cómo perseveras,
¡oh vida!, no viviendo donde vives
y haciendo por que mueras
las flechas que recibes
de lo que del Amado en ti concibes?

¿Por qué, pues has llagado
aqueste corazón, no le sanaste?
Y, pues me le has robado,
¿por qué así le dejaste
y no tomas el robo que robaste?

Apaga mis enojos,
pues que ninguno basta a deshacellos;
y véante mis ojos

The creatures answer

Yes, he came by
in haste, shedding grace upon the woods,
casting looks this way:
the sight alone of him
left the woods arrayed in beauty.

The Bride

Oh, who can heal me?
Finish giving yourself over.
From now on, no more
messengers, I beg you:
they can't tell me what I want to know.

Every wanderer
tells me tales of your endless graces.
Each one wounds me deeper,
and each leaves me dying
from the words they babble in my ear.

How can you go on,
my life, not living here, where you live,
and fashioning arrows
to ensure your death
out of your image of the Beloved?

Now that you've crushed
this heart, why not restore its health?
And having stolen it,
why throw it off
before you take what you have stolen?

Silence my complaints,
for no one else can end them,
and let my eyes behold you

pues eres lumbre dellos,
y sólo para ti quiero tenellos.

¡Oh cristalina fuente,
si en esos tus semblantes plateados
formases de repente
los ojos deseados
que tengo en mis entrañas dibujados!

Apártalos, Amado,
que voy de vuelo.

Esposo

—Vuélvete, paloma,
que el ciervo vulnerado
por el otero asoma
al aire de tu vuelo, y fresco toma.

Esposa

Mi Amado, las montañas,
los valles solitarios nemorosos,
las ínsulas extrañas,
los ríos sonorosos,
el silbo de los aires amorosos,

la noche sosegada
en par de los levantes de la aurora,
la música callada,
la soledad sonora,
la cena que recrea y enamora.

Nuestro lecho florido,
de cuevas de leones enlazado,
en púrpura tendido,
de paz edificado,
de mil escudos de oro coronado.

for you are their light,
and I need them simply to see you.

O crystal-flowing stream,
would that your silvery surface
should suddenly frame
the desired eyes
my inmost self imagines!

Look off, my Love,
and see me fly away.

> The Bridegroom

. . . Return, my dove:
the wounded stag, now
bounding up the slope,
stirs at your flight, breathing the fresh air.

> The Bride

The mountains, my love,
the lonely forested valleys,
foreign islands
and busy rivers,
the whisper of amorous airs.

The night that grows calm
with breeze that stirs at dawn,
the soft music,
the ringing solitude,
the meal that renews in love.

Our flowering bed
surrounded by the lions' dens,
furnished in purple,
raised in peace, and
crowned by a thousand shields of gold.

A zaga de tu huella
las jóvenes discurren al camino
al toque de centella,
al adobado vino;
emisiones de bálsamo divino.

En la interior bodega
de mi Amado bebí, y cuando salía,
por toda aquesta vega
ya cosa no sabía
y el ganado perdí que antes seguía.

Allí me dio su pecho,
allí me enseñó sciencia muy sabrosa,
y yo le di de hecho
a mí, sin dejar cosa;
allí prometí de ser su esposa.

Mi alma se ha empleado
y todo mi caudal en su servicio.
Ya no guardo ganado
ni ya tengo otro oficio,
que ya sólo en amar es mi ejercicio.

Pues ya si en el ejido
de hoy más no fuere vista ni hallada,
diréis que me he perdido;
que, andando enamorada,
me hice perdidiza, y fui ganada.

De flores y esmeraldas
en las frescas mañanas escogidas
haremos las guirnaldas,
en tu amor florecidas
y en un cabello mío entretejidas.

Following your tracks
girls are roaming the roads
moved by the spark
and by the sweet wine—
emissions of God's healing balm.

In my Beloved's
wine cellar I drank, and when I left
I saw nothing
anywhere on the plain:
I lost the flock I had been tending.

He gave me his breast
there and taught me delightful things,
There I gave myself to him
entirely, and there
I promised myself to him, to be his spouse.

I've given my soul
and all I own to serve him.
I watch flocks no more
and do no other work,
since love is my sole occupation.

If from this day on
I'm found no longer in the pastures,
just say that I am lost—
that, love-struck, I wandered,
lost my way, but eventually was found.

We will weave garlands
of emeralds and flowers gathered
in morning freshness,
blossoming in your love,
bound by a hair from my own head.

En solo aquel cabello
que en mi cuello volar consideraste,
mirástele en mi cuello,
y en él preso quedaste,
y en uno de mis ojos te llagaste.

Cuando tú me mirabas,
su gracia en mí tus ojos imprimían;
por eso me adamabas,
y en eso merecían
los míos adorar lo que en ti vían.

No quieras despreciarme,
que, si color moreno en mí hallaste,
ya bien puedes mirarme
después que me miraste,
que gracia y hermosura en mí dejaste.

Cogednos las raposas,
que está ya florecida nuestra viña,
en tanto que de rosas
hacemos una piña,
y no parezca nadie en la montiña.

Detente, cierzo muerto.
Ven, austro, que recuerdas los amores;
aspira por mi huerto
y corran sus olores,
y pacerá el Amado entre las flores.

Esposo

Entrada se ha la esposa
en el ameno huerto deseado,
y a su sabor reposa
el cuello reclinado
sobre los dulces brazos del Amado.

By that one hair alone
that you saw blowing on my neck,
that bound you prisoner
when you beheld it,
and one of my looks left you wounded.

When you gazed upon me,
your eyes impressed the mark of grace—
for this you summoned me,
and this is why my eyes
could worship all they had seen in you.

Please don't despise me:
though once you found me too dark,
you can well look upon me now,
for the first time you saw me
you left within me your beauty and grace.

Catch for us the foxes,
as our vineyard is now in bloom,
while we fashion for ourselves
a bouquet of roses.
May no one appear on the mountain!

Hold off, dead winter wind:
blow, southern breeze, memory of love.
Breathe through my garden,
so its perfume will flow
and the Beloved will graze amidst the flowers.

    The Bridegroom

The bride has entered
the lovely garden long desired.
She basks in its delight,
reclining her neck
on the sweet arms of her Beloved.

Debajo de el manzano
allí conmigo fuiste desposada;
allí te di la mano
y fuiste reparada,
donde tu madre fuera violada.

A las aves ligeras,
leones, ciervos, gamos salteadores,
montes, valles, riberas,
aquas, aires, ardores,
y miedos de las noches veladores:

por las amenas liras
y canto de serenas, os conjuro
que cesen vuestras iras
y no toquéis al muro
por que la esposa duerma más seguro.

Esposa

¡Oh ninfas de Judea!,
en tanto que en las flores y rosales
el ámbar perfumea,
morá en los arrabales
y no queráis tocar nuestros umbrales.

Escóndete, Carillo,
y mira con tu haz a las montañas,
y no quieras decillo;
mas mira las compañas
de la que va por ínsulas extrañas.

Esposo

La blanca palomica
al arca con el ramo se ha tornado;

You were bound to me
over there, under the apple tree:
there I gave you my hand
and you were healed
where your mother had been violated.

You swift soaring birds,
you lions, bucks, and leaping deer,
you mountains, streams, and valleys,
airs, fires, and waters,
and sleepless nights that give us fears:

by the lovely lyre
I beg you, and the sirens' song,
suspend your anger,
do not drum on the walls,
so that my bride may sleep securely.

The Bride

O nymphs of Judaea!
As long as amber still perfumes
the rosebush and the flower,
keep to your distant rooms
and do not knock upon our door.

Now, Dearest, hide yourself
and turn your face toward the mountains.
Say not a word,
but look upon the company
wandering with her among the foreign islands.

The Bridegroom

The little white dove
has returned to the ark with a bough,

y ya la tortolica
al socio deseado
en las riberas verdes ha hallado.

En soledad vivía
y en soledad ha puesto ya su nido,
y en soledad la guía
a solas tu querido,
también en soledad de amor herido.

Esposa

Gocémonos, Amado,
y vámonos a ver en tu hermosura
al monte y al collado,
do mana el agua pura;
entremos más adentro en la espesura.

Y luego a las subidas
cavernas de la piedra nos iremos,
que están bien escondidas;
y allí nos entraremos
y el mosto de granadas gustaremos.

Allí me mostrarías
aquello que mi alma pretendía;
y luego me darías
allí tú, vida mía,
aquello que me diste el otro día:

el aspirar de el aire,
el canto de la dulce filomena,
el soto y su donaire
en la noche serena,
con llama que consume y no da pena.

and the turtledove
has found her true companion
by the green banks of the rivers.

She lived in solitude,
in solitude she built her nest;
your loved one leads her
in solitude,
himself in solitude once wounded.

The Bride

Love, let us now
rejoice and through your beauty
travel hills and mountains
where clear water runs;
let's push into the wilds more deeply.

And then we'll go on up,
up to the caverns of stone
that are so high and well hidden.
And there we will enter
to taste wine pressed from pomegranates.

There perhaps you will show me
what my soul would gladly have:
there, too, may you
give me, dearest,
what you gave me just the other day:

the element of the air,
the sweet nightingale's evening song,
the gracefulness of the grove
in the quiet night,
the flame that painlessly consumes.

Que nadie lo miraba . . .
Aminadab tampoco parecía;
y el cerco sosegaba,
y la caballería
a vista de las aguas descendía.

No one at all was watching,
nor did Aminadab appear.
The watchman was resting:
horses and riders
came down slowly toward the water.

En una noche oscura

En una noche oscura,
con ansias, en amores inflamada,
¡oh dichosa ventura!,
salí sin ser notada,
estando ya mi casa sosegada;

a oscuras y segura
por la secreta escala, disfrazada,
¡oh dichosa ventura!,
a oscuras y encelada,
estando ya mi casa sosegada;

en la noche dichosa,
en secreto, que naide me veía
ni yo miraba cosa,
sin otra luz y guía
sino la que en el corazón ardía.

Aquesta me guiaba
más cierto que la luz del mediodía
adonde me esperaba
quien yo bien me sabía,
en parte donde naide parecía.

¡Oh noche que guiaste!;
¡oh noche amable más que la alborada!;
¡oh noche que juntaste

On a dark night

On a dark night,
afflicted and aflame with love,
O joyful chance!,
I went out unnoticed,
my house lying silent at last.

In darkness and secure,
down the secret ladder, disguised,
O joyful chance!,
in darkness, and shielded,
my house lying silent at last,

one joyful night,
in secret: no one was watching
and I saw no other thing,
my only light and guide
the light that burned in my heart.

That same light led me
more surely than the noonday sun
to where one was waiting,
the one I knew would come,
where surely no one would find us.

O you my guide, the night,
O night more welcome than dawn,
night that drew together

Amado con amada,
amada en el Amado transformada!

En mi pecho florido,
que entero para él solo se guardaba,
allí quedó dormido,
y yo le regalaba,
y el ventalle de cedros aire daba.

El aire del almena,
cuando yo sus cabellos esparcía,
con su mano serena
en mi cuello hería,
y todos mis sentidos suspendía.

Quedéme y olvidéme,
el rostro recliné sobre el Amado;
cesó todo y dejéme,
dejando mi cuidado
entre las azucenas olvidado.

the loved one and the lover,
each transformed into the other!

On my blossoming breast,
kept untouched for him alone,
there he fell asleep,
and I caressed him
while boughs of cedar stirred the air.

On the ramparts
while I sat ruffling his hair,
the air struck my neck
with its gentle hand,
leaving my senses suspended.

I stayed; I surrendered,
resting my face on my Beloved.
Nothing mattered.
I left my cares
forgotten among the lilies.

Oh llama de amor viva

¡Oh llama de amor viva,
que tiernamente hieres
de mi alma en el más profundo centro!;
pues ya no eres esquiva,
acaba ya, si quieres;
rompe la tela deste dulce encuentro.

¡Oh cauterio suave!
¡Oh regalada llaga!
¡Oh mano blanda! ¡Oh toque delicado!,
que a vida eterna sabe
y toda deuda paga;
matando, muerte en vida la has trocado.

¡Oh lámparas de fuego,
en cuyos resplendores
las profundas cavernas del sentido,
que estaba oscuro y ciego,
con extraños primores
calor y luz dan junto a su querido!

¡Cuán manso y amoroso
recuerdas en mi seno,
donde secretamente solo moras,
y en tu aspirar sabroso
de bien y gloria lleno
cuán delicadamente me enamoras!

O living flame of love

O living flame of love
that so tenderly wounds
my soul at its deepest center:
you are no longer fickle,
so finish, if you will—
rend the cloth, end this sweet encounter.

O gentle searing brand
and caressing wound,
O soothing touch from his soft hand
that feels like life eternal
and pays off every debt:
you killed me, making life from death.

O you lanterns of fire,
your brilliance inflames
the deep caverns of my senses
that were blackened and blind.
With rare elegance
you shed warmth and light on your beloved!

How gentle and loving
your reminder to me,
in my heart where you secretly dwell
with your delightful breath
in glory and good will,
how soothingly do you woo me!

Entréme donde no supe

Entréme donde no supe,
y quedéme no sabiendo,
toda sciencia trascendiendo.

Yo no supe dónde entraba,
pero, cuando allí me vi,
sin saber dónde me estaba,
grandes cosas entendí;
no diré lo que sentí,
que me quedé no sabiendo,
toda sciencia trascendiendo.

De paz y de piedad
era la sciencia perfecta,
en profunda soledad
entendida vía recta,
era cosa tan secreta,
que me quedé balbuciendo,
toda sciencia trascendiendo.

Estaba tan embebido,
tan absorto y ajenado,
que se quedó mi sentido
de todo sentir privado,
y el espíritu dotado
de un entender no entendido,
toda sciencia trascendiendo.

I entered I knew not where

I entered I knew not where
and remained without knowing,
there transcending all knowledge.

Where I entered, I did not know,
but once I found myself there—
not knowing where I had entered—
I understood important things.
I cannot say what I felt
for I still knew nothing,
there transcending all knowledge.

It was perfect knowledge
of peace and piety—
a thing of great secrecy
understood in solitude
and through such immediacy
that I babbled foolishly,
there transcending all knowledge.

I was so amazed, absorbed
and raised out of myself
that I was stripped of all
intelligence and feeling,
while my spirit was gifted
with unknown understanding,
there transcending all knowledge.

El que allí llega de vero
de sí mismo desfallesce;
cuanto sabía primero
mucho bajo le paresce,
y su sciencia tanto cresce,
que se queda no sabiendo,
toda sciencia trascendiendo.

Cuanto más alto se sube,
tanto menos se entendía,
que es la tenebrosa nube
que a la noche esclarecía;
por eso quien la sabía
queda siempre no sabiendo,
toda sciencia trascendiendo.

Este saber no sabiendo
es de tan alto poder,
que los sabios arguyendo
jamás le pueden vencer,
que no llega su saber
a no entender entendiendo,
toda sciencia trascendiendo.

Y es de tan alta excelencia
aqueste summo saber,
que no hay facultad ni sciencia
que le puedan emprender;
quien se supiere vencer
con un no saber sabiendo,
irá siempre trascendiendo.

Y si lo queréis oír,
consiste esta summa sciencia

Whoever arrives there
truly dies to himself.
Everything he used to know
seems to him now unworthy,
so much does his knowledge grow
that he ends up knowing nothing,
there transcending all knowledge.

The higher up you rise,
the less you understand,
for the darkening cloud
illuminates the night.
Whoever knows that this is right
no longer knows anything,
there transcending all knowledge.

This knowing without knowing
is so very powerful
that wise men's arguments
can never defeat it,
since their knowledge cannot grasp
unknown understanding,
there transcending all knowledge.

And this, the highest knowledge,
is surpassingly complete:
no faculty or science
can ever hope to compete.
Whoever has self-mastery
through knowing without knowing
in the end will always transcend.

For those who want to hear it,
this knowledge of all knowledge

en un subido sentir
de la divinal Esencia;
es obra de su clemencia
hacer quedar no entendiendo,
toda sciencia trascendiendo.

is the highest intelligence
of the deity's Essence:
it is God's mercy that leaves us
without any understanding,
there transcending all knowledge.

Vivo sin vivir en mí

Vivo sin vivir en mí
y de tal manera espero,
que muero porque no muero.

En mí yo no vivo ya,
y sin Dios vivir no puedo;
pues sin él y sin mí quedo,
este vivir, ¿qué será?
Mil muertes se me hará,
pues mi misma vida espero,
muriendo porque no muero.

Esta vida que yo vivo
es privación de vivir;
y así es continuo morir
hasta que viva contigo.
Oye, mi Dios, lo que digo,
que esta vida no la quiero;
que muero porque no muero.

Estando absente de ti,
¿qué vida puedo tener,
sino muerte padescer,
la mayor que nunca vi?
Lástima tengo de mí,
pues de suerte persevero
que muero porque no muero.

I live without living in myself

I live without living in myself,
and I hope in such a way
that I die because I am not dying.

In myself I no longer live—
without God I'm not really alive.
But without myself and without God,
what name can I give to this life?
I will die a thousand deaths
while hoping to find my true life,
dying because I do not die.

The life I am now living
is deprivation from life:
until you and I live united
it means always to be dying.
Listen, my God, to what I say:
I have no real love for this life—
it is death, because I do not die.

Because I am cut off from you,
what kind of life can I lead?
There's only death for me to endure,
the harshest I have ever seen.
I'm full of pity, for myself:
ahead, as far as I can see,
lies death, because I do not die.

El pez que del aqua sale
aun de alivio no caresce,
que en la muerte que padesce,
al fin la muerte le vale.
¿Qué muerte habrá que se iguale
a mi vivir lastimero,
pues, si más vivo, más muero?

Cuando me pienso aliviar
de verte en el Sacramento,
háceme más sentimiento
el no te poder gozar;
todo es para más penar,
por no verte como quiero,
y muero porque no muero.

Y si me gozo, Señor,
con esperanza de verte,
en ver que puedo perderte
se me dobla mi dolor;
viviendo en tanto pavor
y esperando como espero,
muérome porque no muero.

Sácame de aquesta muerte,
mi Dios, y dame la vida;
no me tengas impedida
en este lazo tan fuerte;
mira que peno por verte,
y mi mal es tan entero,
que muero porque no muero.

Lloraré mi muerte ya
y lamentaré mi vida

In the very death it suffers,
a fish emerging from water
is not deprived of real rewards,
since the death it dies is fruitful.
What kind of death can equal
this life, mine, so pitiful,
if the more I live, the more I die?

Each time I expect some release,
finding you in the Sacrament,
the greater is my punishment—
since I am unable to join you,
everything is cause for greater grief,
not finding you as I want to,
dying because I do not die.

And when I find that bliss, my Lord,
in the hope that I will find you
and still know that I may lose you,
I feel my torment is doubled.
This way of living in terror
and hoping in the way I hope
is death, because I do not die.

Take me away from this dying,
my God, and give me back to life:
do not hold me down like this,
bound up here so tightly.
The urge to know you gives me grief:
see how my disease consumes me—
it is death, because I do not die.

I will mourn my death already—
and I will regret my life

en tanto que detenida
por mis pecados está.
¡Oh mi Dios!, ¿cuándo será
cuando yo diga de vero:
vivo ya porque no muero?

because my sinning by itself
prevents its rapid passing.
O my God, and when will that moment
come when in truth I can say:
I live because I do not die?

Tras de un amoroso lance

Tras de un amoroso lance,
y no de esperanza falto,
volé tan alto, tan alto,
que le di a la caza alcance.

Para que yo alcance diese
a aqueste lance divino,
tanto volar me convino
que de vista me perdiese;
y, con todo, en este trance
en el vuelo quedé falto;
mas el amor fue tan alto,
que le di a la caza alcance.

Cuando más alto subía
deslumbróseme la vista,
y la más fuerte conquista
en oscuro se hacía;
mas, por ser de amor el lance,
di un ciego y oscuro salto,
y fui tan alto, tan alto,
que le di a la caza alcance.

Cuanto más alto llegaba
de este lance tan subido,
tanto más bajo y rendido
y abatido me hallaba;

Longing for a love affair

Longing for a love affair
in hope of love I did not delay
but flew up so high in the air
that I caught up with the prey.

In order to catch up
to that divine affair,
I had to fly so high
I flew straight out of sight.
Pursuing this affair
I did not fly high enough,
but love rose up so high
that I caught up with the prey.

As I flew ever higher
my eyes were stunned by light:
but the hard-won goal of flight
was reached in darkness.
Since this was a love affair,
I leapt blindly in the dark
and rose so high in the air
that I caught up with the prey.

The higher I soared
in this exalted affair,
the more I found myself
abased, exhausted and depressed.

dije: No habrá quien alcance;
y abatíme tanto, tanto,
que fui tan alto, tan alto,
que le di a la caza alcance.

Por una extraña manera
mil vuelos pasé de un vuelo,
porque esperanza de cielo
tanto alcanza cuanto espera;
esperé solo este lance
y en esperar no fui falto,
pues fui tan alto, tan alto,
que le di a la caza alcance.

I said: "No one can reach it."
I pushed myself down so far
and rose so high in the air
that I caught up with the prey.

In some strange manner
I flew a thousand flights in one,
because the hope of heaven
is grasped in hope by everyone.
In hope I was not lacking—
I hoped for this thing alone—
for I rose so high in the air
that I caught up with the prey.

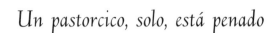

Un pastorcico, solo, está penado

Un pastorcico, solo, está penado,
ajeno de placer y de contento,
y en su pastora puesto el pensamiento,
y el pecho del amor muy lastimado.

No llora por haberle amor llagado,
que no le pena verse así afligido,
aunque en el corazón está herido;
mas llora por pensar que está olvidado.

Que sólo de pensar que está olvidado
de su bella pastora, con gran pena
se deja maltratar en tierra ajena,
el pecho de el amor muy lastimado.

Y dice el pastorcico: ¡Ay, desdichado
de aquel que de mi amor ha hecho ausencia
y no quiere gozar la mi presencia,
y el pecho por su amor muy lastimado!

Y a cabo de un gran rato, se ha encumbrado
sobre un árbol, do abrió sus brazos bellos,
y muerto se ha quedado asido dellos,
el pecho de el amor muy lastimado.

A young shepherd is pining all alone

A young shepherd is pining all alone,
oblivious to pleasure and peacefulness.
He thinks only of his shepherdess,
his chest oppressed by the love he suffers.

It is not love's wound that makes him cry:
it does not hurt him to suffer this way,
although in his heart he bears injury.
No, he cries to think he's been forgotten.

Simply to think he's been forgotten
by his lovely shepherdess, he opens
himself to abuse in a foreign land,
his chest oppressed by the love he suffers!

Then the young shepherd says: "Unhappy
he who has stayed away from my love
and cares not to rejoice in my presence
while his chest is oppressed by his love."

And after a long while he clambers
up a tree and spreads wide his handsome arms.
Though dead, still he embraces the tree,
his chest oppressed by the love he suffers.

Qué bien sé yo la fuente
que mana y corre

Qué bien sé yo la fuente que mana y corre,
aunque es de noche.

Aquella eterna fonte está escondida,
qué bien sé yo dó tiene su manida,
aunque es de noche.

Su origen no lo sé, pues no le tiene,
mas sé que todo origen della viene,
aunque es de noche.

Sé que no puede ser cosa tan bella
y que cielos y tierra beben della,
aunque es de noche.

Bien sé que suelo en ella no se halla
y que ninguno puede vadealla,
aunque es de noche.

Su claridad nunca es escurecida,
y sé que toda luz de ella es venida,
aunque es de noche.

Sé ser tan caudalosos sus corrientes,
que infiernos, cielos riegan, y las gentes,
aunque es de noche.

Surely I know the spring
that swiftly flows

Surely I know the spring that swiftly flows
even during the night.

The eternal spring is deeply hidden,
but surely I know the place where it begins
even during the night.

I don't know its source because it has none
but know that all beginnings come from this one,
even during the night.

I do know that nothing can equal its beauty
and that from it both heaven and earth drink
even during the night.

I know there is no limit to its depth
and that no one can wade across its breadth,
even during the night.

Its brightness is never clouded over,
and I know that from it all light flows,
even during the night.

I know its current is so forceful
that it floods the nations, heaven, and hell,
even during the night.

El corriente que nace desta fuente
bien sé que es tan capaz y omnipotente,
aunque es de noche.

El corriente que de estas dos procede,
sé que ninguna de ellas le precede,
aunque es de noche.

Aquesta eterna fonte está escondida
en este vivo pan por darnos vida,
aunque es de noche.

Aquí se está llamando a las criaturas,
y de esta ague se hartan, aunque a escuras,
porque es de noche.

Aquesta viva fuente que deseo,
en este pan de vida yo la veo,
aunque es de noche.

The current that is born of this stream,
I know, is swift and overpowering,
even during the night.

As for the current that flows from these two,
I know that neither one comes before it,
even during the night.

The eternal stream is deeply hidden
in this living bread, to give us life,
even during the night.

Here the call goes out to the creatures,
and they drink their fill, though in the dark,
because it is at night.

This living stream that I so desire,
I see it in this bread of life,
even during the night.

Encima de las corrientes

Encima de las corrientes
que en Babilonia hallaba,
allí me senté llorando,
allí la tierra regaba,
acordándome de ti,
¡oh Sión!, a quien amaba.
Era dulce tu memoria,
y con ella más lloraba.
Dejé los trajes de fiesta,
los de trabajo tomaba,
y colgué en los verdes sauces
la música que llevaba,
poniéndola en esperanza
de aquello que en ti esperaba.
Allí me hirió el amor,
y el corazón me sacaba.
Díjele que me matase,
pues de tal suerte llagaba.
Yo me metía en su fuego,
sabiendo que me abrasaba,
desculpando al avecica
que en el fuego se acababa.
Estábame en mí muriendo,
y en ti solo respiraba.
En mí por ti me moría,
y por ti resucitaba,
que la memoria de ti

By the rivers of Babylon

By the rivers of Babylon,
by the waters I found there,
I sat down weeping
and watered the ground
while I remembered you, Zion,
that I loved so well.
The memory of you was sweet,
and I wept even harder.
I put aside my fancy clothes
and took up the clothes I work in.
I hung the lyre I had with me
in the green willow trees,
in the hope of receiving
what I had hoped for from you.
There love overwhelmed me:
it ripped my heart from my chest.
So painful was its wound,
I spoke to it, saying: Kill me.
I plunged into its fire
knowing that it would burn me,
for the first time feeling for
the butterfly's fiery death.
There I was dying to myself,
breathing deeply only of you.
Within myself, for you, I died
and for you came back to life:
simply to remember you

daba vida y la quitaba.
Gozábanse los extraños
entre quien cautivo estaba.
Preguntábanme cantares
de lo que en Sión cantaba:
—Canta de Sión un himno;
veamos cómo sonaba.
—Decid, ¿cómo en tierra ajena,
donde por Sión lloraba,
cantaré yo el alegría
que en Sión se me quedaba?;
echaríala en olvido
si en la ajena me gozaba.
Con mi paladar se junte
la lengua con que hablaba,
si de ti yo me olvidare
en la tierra do moraba.
Sión, por los verdes ramos
que Babilonia me daba,
de mí se olvide mi diestra,
que es lo que en ti más amaba,
si de ti no me acordare,
en lo que más me gozaba,
y si yo tuviere fiesta
y sin ti la festejaba.
¡Oh hija de Babilonia,
mísera y desventurada!
Bienaventurado era
aquel en quien confiaba,
que te ha de dar el castigo
que de tu mano llevaba;
y juntará sus pequeños
y a mí, porque en ti esperaba
a la piedra, que era Cristo,
por el cual yo te dejaba.

gave life and took it away.
The strangers that held me captive
were pleased to see me like this.
They asked me to sing for them
the songs I sang in Zion:
"Sing for us a hymn from Zion,
we want to hear how it sounds."
"But how," I asked, "in foreign lands
where I weep for Zion's absence
can I sing the joy
that was left behind in Zion?
It would mean forgetting that joy,
to feel another in its place.
May the tongue that speaks these words
stick to my palate should I
not remember you, O Zion,
in the land where I resided.
By the green willow's branches,
Babylon's gift to me,
may my right hand reject me
that I loved most in Zion
if I should not remember you
in the moment of greatest joy,
if I should celebrate something
and forget you in rejoicing.
O you daughter of Babylon,
her sad, unfortunate daughter!
Fortunate was the one
in whom you confided,
for he will deliver
punishment from your hands,
and gather your children
unto me, who had hope
in the rock that was Christ,
for whom I abandoned you."

Sin arrimo y con arrimo

Sin arrimo y con arrimo,
sin luz y a oscuras viviendo,
todo me voy consumiendo.

Mi alma está desasida
de toda cosa criada
y sobre sí levantada,
y en una sabrosa vida
sólo en su Dios arrimada.
Por eso ya se dirá
la cosa que más estimo,
que mi alma se ve ya
sin arrimo y con arrimo.

Y, aunque tinieblas padezco
en esta vida mortal,
no es tan crecido mi mal,
porque, si de luz carezco,
tengo vida celestial,
porque el amor da tal vida
cuando más ciego va siendo,
que tiene al alma rendida,
sin luz y a oscuras viviendo.

Hace tal obra el amor
después que le conocí,
que, si hay bien o mal en mí,

Anchorless and yet anchored

Anchorless and yet anchored,
living in darkness without light,
I consume myself completely.

My soul is unattached
to any created thing,
raised above itself
in delightful life,
anchored in its God alone.
Now everyone will know
what's most important to me:
that my soul now finds itself
anchorless and yet anchored.

And though I pass through shadows
in this mortal life
my pain is not excessive:
I may feel the lack of light
but I have life from heaven.
For when love grows this blind,
it gives us so much life
that the soul is left with
living in darkness without light.

Love has worked such things in me
since I came to know it,
that all my good and evil

todo lo hace de un sabor
y al alma transforma en sí,
y así, en su llama sabrosa,
la cual en mí estoy sintiendo,
apriesa, sin quedar cosa,
todo me voy consumiendo.

it turns into my delight,
making my soul like itself.
And so, in the delightful flame
that I feel within myself,
swiftly and thoroughly
I consume myself completely.

Por toda la hermosura

Por toda la hermosura
nunca yo me perderé,
sino por un no sé qué
que se alcanza por ventura.

Sabor de bien que es finito,
lo más que puede llegar
es cansar el apetito
y estragar el paladar;
y así, por toda dulzura
nunca yo me perderé
sino por un no sé qué,
que se halla por ventura.

El corazón generoso
nunca cura de parar
donde se puede pasar,
sino en más dificultoso;
nada le causa hartura,
y sube tanto su fe,
que gusta de un no sé qué
que se halla por ventura.

El que de amor adolesce,
de el divino ser tocado,
tiene el gusto tan trocado
que a los gustos desfallesce;

There is no kind of beauty

There is no kind of beauty
for which I will lose myself
except that unknown something
that fortune puts into our hands.

The taste of all that's finite
does no greater harm than this:
it drains the appetite
and devastates the palate.
So I'll never lose myself
for any kind of sweetness
if not for that unknown something
that fortune puts into our hands.

The heart that gives most fully
does not care for pausing
by the widest stretch of road,
but where the way is narrow.
It is never burdened:
its faith flies up so swiftly
that it prefers this something
that fortune puts into our hands.

Whoever feels love-sickness
touched by divine being,
his senses are so shifted
he shrinks from pleasant feelings

como el que con calentura
fastidia el manjar que ve,
y apetece un no sé qué
que se halla por ventura.

No os maravilléis de aquesto,
que el gusto se quede tal,
porque es la causa del mal
ajena de todo el resto;
y así toda criatura
enajenada se ve,
y gusta de un no sé qué
que se halla por ventura.

Que estando la voluntad
de divinidad tocada,
no puede quedar pagada
sino con divinidad;
mas, por ser tal su hermosura
que sólo se ve por fe,
gústala en un no sé qué
que se halla por ventura.

Pues de tal enamorado
decidme si habréis dolor,
pues que no tiene sabor
entre todo lo criado;
solo, sin forma y figura,
sin hallar arrimo y pie,
gustando allá un no sé qué
que se halla por ventura.

No penséis que el interior,
que es de mucha más valía,
halla gozo y alegría
en lo que acá da sabor;

like someone with a fever,
put off by the food he sees,
but now craving this something
that fortune puts into our hands.

Do not be shocked by the fact
that our senses are like this:
the cause of the disorder
is foreign to everything else.
This is why every creature
finds itself alienated
while savoring that something
that fortune puts into our hands.

For once the depth of our will
has been touched by deity
deity alone can pay
the wages our will has earned.
But so great is this beauty,
it is only seen by faith
and tasted by that something
that fortune puts into our hands.

Tell me: from such a lover
would you receive any pain?
Of all things in creation,
only he has no flavor.
Simple, shapeless and lacking
all substance and location,
reveling, there, in that something
that fortune puts into our hands.

Do not believe your interior life
(which has so much more value)
can find joy or happiness
in things that give pleasure on earth:

mas sobre toda hermosura,
y lo que es y será y fue,
gusta de allá un no sé qué
que se halla por ventura.

Más emplea su cuidado
quien se quiere aventajar
en lo que está por ganar
que en lo que tiene ganado;
y así, para más altura,
yo siempre me inclinaré
sobre todo a un no sé qué
que se halla por ventura.

Por lo que el sentido
puede acá comprehenderse
y todo lo que entenderse,
aunque sea muy subido,
ni por gracia y hermosura,
yo nunca me perderé,
sino por un no sé qué
que se halla por ventura.

beyond all beautiful things,
present, past and future,
it relishes that something
that fortune puts into our hands.

Whoever wants the advantage
of what is still to be gained
—not what has been gained so far—
makes a better investment of care.
This is why, to grow still taller,
I will always bow down lower,
all the more to seize something
that fortune puts into our hands.

I will never lose myself
for either grace or beauty,
for what in this world can be known
through the bodily senses
or understood by the mind,
no matter if it's lofty,
but only for that something
that fortune puts into our hands.

En el principio moraba

En el principio moraba
el Verbo, y en Dios vivía,
en quien su felicidad
infinita poseía.
El mismo Verbo Dios era,
que el principio se decía.
El moraba en el principio,
y principio no tenía.
El era el mesmo principio;
por eso de él carecía.
El Verbo se llama Hijo,
que de el principio nacía.
Hale siempre concebido
y siempre le concebía.
Dale siempre su substancia
y siempre se la tenía.
Y así, la gloria del Hijo
es la que en el Padre había;
y toda su gloria el Padre
en el Hijo poseía.
Como amado en el amante
uno en otro residía,
y aquese amor que los une
en lo mismo convenía
con el uno y con el otro
en igualdad y valía.
Tres Personas y un amado

In the beginning was the Word

In the beginning was
the Word, and it dwelled in God:
in him he possessed
infinite happiness.
And God was this same Word:
known as the beginning
he dwelled in the beginning,
and beginning he had none.
He was this same beginning
and thus had no need of one.
This Word is called the Son,
in that beginning born.
Always it conceived him,
has conceived him always,
gives him always substance
which he has always had.
And thus the Son's glory
he had in the Father,
and all the Father's glory
he had only in the Son.
Like lover for beloved,
each one dwelled in the other,
and the love that binds them
was common to them both,
the same, equally cherished
by each one for the other.
Three Persons, and one lover,

entre todos tres había;
y un amor en todas ellas
y un amante las hacía,
y el amante es el amado
en que cada cual vivía;
que el ser que los tres poseen
cada cual le poseía,
y cada cual de ellos ama
a la que este ser tenía.
Este ser es cada una
y éste solo las unía
en un inefable nudo
que decir no se sabía.
Por lo cual era infinito
el amor que las unía,
porque un solo amor tres tienen,
que su esencia se decía;
que el amor, cuanto más uno,
tanto más amor hacía.

De la comunicación
de las tres personas

En aquel amor inmenso
que de los dos procedía,
palabras de gran regalo
el Padre al Hijo decía,
de tan profundo deleite,
que nadie las entendía;
sólo el Hijo lo gozaba,
que es a quien pertenecía.
Pero aquello que se entiende
desta manera decía:
—Nada me contenta, Hijo,
fuera de tu compañía.
Y si algo me contenta,

to all three were common:
one love in each Person
made each one a lover.
The lover is the beloved
in which each Person dwelled,
for the being that all three have
each one had on its own,
and each one of them loves
the one that had this being.
This being is each Person:
it alone unites them
in one ineffable bond
that cannot be expressed.
Thus the love that unites
them is endless,
because three share one love
which is called their essence,
since love when most united
so much more love creates.

On the communication
of the Three Persons

In that immense love
that proceeded from the two,
Father to Son spoke
words of the greatest joy,
of such profound delight
that no one understood them.
Only the Son rejoiced,
for this belonged to him.
But that which can be known
sounds something like this:
"Nothing pleases me, Son,
except your company.
If something does please me,

en ti mismo lo quería.
El que a ti más se parece
a mí más satisfacía;
y el que en nada te semeja
en mí nada hallaría.
En ti solo me he agradado,
¡oh vida de vida mía!
Eres lumbre de mi lumbre.
Eres mi sabiduría;
figura de mi substancia
en quien bien me complacía.
Al que a ti te amare, Hijo,
a mí mismo le daría,
y el amor que yo en ti tengo
ese mismo en él pondría,
en razón de haber amado
a quien yo tanto quería.

De la creación

—Una esposa que te ame,
mi Hijo, darte quería,
que por tu valor merezca
tener nuestra compañía
y comer pan a una mesa
de el mismo que yo comía,
por que conozca los bienes
que en tal Hijo yo tenía,
y se congracie conmigo
de tu gracia y lozanía.
—Mucho lo agradezco, Padre
—el Hijo le respondía—.
A la esposa que me dieres
yo mi claridad daría,
para que por ella vea
cuánto mi Padre valía,

I loved that something in you.
Whoever is most like you
was my greatest content:
he who's in all ways unlike
will find no liking in me.
In you alone I've found pleasure,
O life of my life!
You are the light of my light,
you are my wisdom,
my substance embodied
with whom I am well pleased.
I would give myself, Son, to
whoever cared to love you,
and the love I have in you
I would have for him, too,
because he cared to love
the one I so desired.

On creation

I would like to give you,
Son, a loving wife,
who by your worth deserved
to keep our company,
to eat bread at our table—
the same bread of which I eat—
to know the glories
that I've had in such a Son,
and to please me by rejoicing
in your grace and beauty.
"Father, I thank you dearly,"
the Son said in reply:
"On whatever wife you give me
I will shed my brilliance
and by it she will see
that my Father's worth is great,

y cómo el ser que poseo
de su ser le recibía.
Reclinarla he yo en mi brazo,
y en tu amor se abrasaría,
y con eterno deleite
tu bondad sublimaría.

—Hágase, pues—dijo el Padre—,
que tu amor lo merecía.
Y en este dicho que dijo,
el mundo criado había,
palacio para la esposa,
hecha en gran sabiduría;
el cual en dos aposentos,
alto y bajo, dividía.
El bajo de diferencias
infinitas componía;
mas el alto hermoseaba
de admirable pedrería,
por que conozca la esposa
el Esposo que tenía.
En el alto colocaba
la angélica jerarquía;
pero la natura humana
en el bajo la ponía,
por ser en su compostura
algo de menor valía.
Y aunque el ser y los lugares
de esta suerte los partía,
pero todos son un cuerpo
de la esposa que decía;
que el amor de un mismo Esposo
una Esposa los hacía.
Los de arriba poseían
el Esposo en alegría,
los de abajo en esperanza

that whatever being
I have, I received from him.
I will rest her on my arm
and she will burn in your love
and with eternal delight
make your goodness her own."

"Let it be so," said the Father,
"for your love deserved this."
So saying, with his words
he created the world—
a palace for his wife
made out of great wisdom
and divided into
two rooms, upper and lower.
The lower room was filled
with endlessly varied things,
the upper room he adorned
with dazzling jewels,
so that the wife would know
what kind of husband she married.
In the upper room he placed
the ranks of all the angels;
and to the lower room
he assigned human nature,
since by the way it was made
it was of lesser value.
But although he thus sundered
his being from these rooms,
together they all formed
the intended wife's body,
for the love of one Husband
made one Wife of them all.
The higher room joyously
possessed the Husband,
the lower one was hopeful

de fe que les infundía,
diciéndoles que algún tiempo
él los engrandecería,
y que aquella su bajeza
él se la levantaría,
de manera que ninguno
ya la vituperaría;
porque en todo semejante
él a ellos se haría,
y se vendría con ellos,
y con ellos moraría;
y que Dios sería hombre,
y que el hombre Dios sería,
y trataría con ellos,
comería y bebería;
y que con ellos continuo
él mismo se quedaría
hasta que se consumase
este siglo que corría,
cuando se gozaran juntos
en eterna melodía;
porque él era la cabeza
de la esposa que tenía,
a la cual todos los miembros
de los justos juntaría,
que son cuerpo de la esposa;
a la cual él tomaría
en sus brazos tiernamente,
y allí su amor la daría;
y que así juntos en uno
al Padre la llevaría,
donde de el mismo deleite
que Dios goza gozaría;
que, como el Padre y el Hijo
y el que dellos procedía
el uno vive en el otro,

of the faith he there infused—
promising them that some day
he would make them greater
and that he would raise up
this lowliness of theirs
so that from that day forward
no one would revile them,
for he would make himself
their equal in every way
and would come to join them
and would live at their side,
and God would become man,
and men would become God,
and he would be with them—
with them would eat and drink—
and he would stand by them
for ever and ever
until this current age
came to its appointed end:
then together they would rejoice
in endless melody
for he was the head
of the wife he had married
to whom all members
of the just will be joined,
for they are his wife's body,
the wife that he would take
tenderly in his arms,
and there give her his love.
Thus joined in one he would
take her to the Father,
where she would know delight,
in God's own joy rejoicing,
for since Father and Son
and he who from them proceeds
all live one in the other,

así la esposa sería,
que, dentro de Dios absorta,
vida de Dios viviría.

Con esta buena esperanza
que de arriba les venía,
el tedio de sus trabajos
más leve se les hacía;
pero la esperanza larga
y el deseo que crecía
de gozarse con su Esposo
continuo les afligía;
por lo cual con oraciones,
con suspiros y agonía,
con lágrimas y gemidos,
le rogaban noche y día
que ya se determinase
a les dar su compañía.
Unos decían: ¡Oh si fuese
en mi tiempo el alegría!;
otros: Acaba, Señor,
al que has de enviar envía;
otros: ¡Oh si ya rompieses
esos cielos, y vería
con mis ojos que bajases,
y mi llanto cesaría!
Regad, nubes de lo alto,
que la tierra lo pedía,
y ábrase ya la tierra
que espinas nos producía,
y produzca aquella flor
con que ella florecería.
Otros decían: ¡Oh dichoso
el que en tal tiempo sería,
que merezca ver a Dios
con los ojos que tenía,

the same would be for the wife
who, once absorbed into God,
would live the same life as God.

With this lively hope that
came to them from above
the burden of their work
was much diminished.
But the hope they had long felt
and the swelling desire
to rejoice with their Spouse
caused them continual pain,
and so in their prayers,
in sighs and suffering,
in tears and in groaning,
they begged him night and day
to make up his mind
and join their company.
Some said, "Oh, if only
happiness came to us now!"
Others said: "Finish, Lord,
sending us what's to be sent";
others: "If only you'd part
the heavens and my eyes
saw you descending,
then my sorrow would end!"
Loose your rain, O clouds on high:
it is the earth's request.
May the soil now soften
where once grew only thorns.
Let it now feed the flower
that will make the whole earth bloom."
Others said: "Fortunate indeed
is he who lives in an age
that is deserving to see
God with the eyes of his head

y tratarle con sus manos,
y andar en su compañía,
y gozar de los misterios
que entonces ordenaría!

En aquestos y otros ruegos
gran tiempo pasado había;
pero en los postreros años
el fervor mucho crecía,
cuando el viejo Simeón
en deseo se encendía,
rogando a Dios que quisiese
dejarle ver este día.
Y así el Espíritu Santo
al buen viejo respondía:
—Que le daba su palabra
que la muerte no vería
hasta que la vida viese
que de arriba descendía,
y que él en sus mismas manos
al mismo Dios tomaría,
y le tendría en sus brazos
y consigo abrazaría.

La Encarnación

Ya que el tiempo era llegado
en que hacerse convenía
el rescate de la esposa
que en duro yugo servía,
debajo de aquella ley
que Moisés dado le había,
el Padre con amor tierno
desta manera decía:
—Ya ves, Hijo, que a tu esposa
a tu imagen hecho había,
y en lo que a ti se parece

and touch him with his hands
and walk alongside him
and rejoice in the mysteries
that take place by his command!"

Between these and other pleas
a long time had gone by,
but in the final years
their fervor greatly increased,
when Simeon in old age
was inflamed with desire,
begging God that he see fit
for him to witness that day.
Thus the Holy Spirit
answered the aged man,
saying he gave his word
that he would not know death
until he witnessed the life
that came down from above
and that he would grasp God
with his own hands
and hold him in his arms
in a mutual embrace.

The Incarnation

Since the time had arrived
when it was fitting
to release the wife who
had toiled under the yoke
of the law that Moses
for her had provided,
the Father spoke as follows,
tender and lovingly:
"Now you see, Son, how your wife
was made in your image,
how she was suited to you

contigo bien convenía;
pero difiere en la carne,
que en tu simple ser no había.
En los amores perfectos
esta ley se requería,
que se haga semejante
el amante a quien quería,
que la mayor semejanza
más deleite contenía;
el cual, sin duda, en tu esposa
grandemente crecería
si te viere semejante
en la carne que tenía.

—Mi voluntad es la tuya
—el Hijo le respondía—,
y la gloria que yo tengo
es tu voluntad ser mía;
y a mí me conviene, Padre,
lo que tu Alteza decía,
porque por esta manera
tu bondad más se vería;
veráse tu gran potencia,
justicia y sabiduría;
irélo a decir al mundo
y noticia le daría
de tu belleza y dulzura
y de tu soberanía.
Iré a buscar a mi esposa,
y sobre mí tomaría
sus fatigas y trabajos,
en que tanto padescía;
y por que ella vida tenga
yo por ella moriría,
y sacándola de el lago,
a ti te la volvería.

in her resemblance to you
though different in the flesh,
which your simple being lacked.
This law must be respected
for there to be perfect love:
that the lover be like
the one that he loves
since the greatest likeness
contains the greatest bliss,
which no doubt in your wife
would grow enormously
if she saw your likeness
in having flesh like her."

"My will is your will,"
the Son responded,
"and whatever glory I have
is that your will shall be my own.
And what your Highness told
me, Father, suits me well,
because in this fashion
your goodness is easily known.
Your great power is shown,
and your justice and wisdom.
I will tell it to the world,
spreading to all the news
of your beauty and sweetness
and of your sovereignty.
I will search for my wife
and take upon myself
the troubles and the worry
that she has suffered so.
And I will die for her
so that she may have life
and free her from the pit
so she can return to you."

Entonces llamó a un arcángel
que Sant Gabriel se decía,
y enviólo a una doncella
que se llamaba María,
de cuyo consentimiento
el misterio se hacía;
en la cual la Trinidad
de carne al Verbo vestía;
y aunque tres hacen la obra,
en el uno se hacía;
y quedó el Verbo encarnado
en el vientre de María.
Y el que tenía sólo Padre,
ya también Madre tenía,
aunque no como cualquiera
que de varón concebía,
que de las entrañas de ella
él su carne recibía;
por lo cual Hijo de Dios
y de el hombre se decía.

Del nacimiento

Ya que era llegado el tiempo
en que de nacer había,
así como desposado
de su tálamo salía
abrazado con su esposa,
que en sus brazos la traía;
al cual la graciosa Madre
en un pesebre ponía
entre unos animales
que a la sazón allí había.
Los hombres decían cantares,
los ángeles melodía,
festejando el desposorio
que entre tales dos había.

Then he called an archangel
known as St. Gabriel
and sent him to a maiden
whose name was Mary.
With her agreement
the mystery occurred
by which the Trinity
clothed the Word in flesh,
and though three made this happen,
it occurred within the one,
and the Word was incarnate
in the virgin Mary's womb.
He who had had but a
Father, now had Mary, too,
though not like any woman
who has conceived a son,
for he received his flesh
from deep inside her—
this is why he is known
as son of God and of man.

On the Birth

And when the time had come
in which he was to be born,
from the wedding bed
he stepped down, the betrothed,
having embraced his wife
and bearing her in his arms,
he whom graceful Mary
then placed in a crib
amidst the animals
that had been there all along.
People were singing songs,
angels sang melodies
to celebrate the wedding
that took place between the two.

Pero Dios en el pesebre
allí lloraba y gemía;
que eran joyas que la esposa
al desposorio traía.
Y la Madre estaba en pasmo
el que tal trueque veía:
el llanto de el hombre en Dios,
y en el hombre la alegría;
lo cual de el uno y de el otro
tan ajeno ser solía.

But God, lying in the crib,
cried out loud and groaned:
these were the jewels that the
wife brought to the proceedings.
And his Mother was aghast
to see this transformation:
mankind's grief become God's
and joyfulness come to man,
when usually each one
is estranged from the other.

Del Verbo divino

Del Verbo divino
la Virgen preñada
viene de camino:
¡si le dais posada!

Suma de la perfección

Suma de la perfección
Olvido de lo criado;
memoria del Criador;
atención a lo interior;
y estarse amando al Amado.

On the divine Word

The Virgin who became pregnant
by the divine Word
is coming this way:
won't you give her a place to stay!

Sum of all perfection

Sum of all perfection:
oblivion of the world,
remembrance of the Maker.
Look to your inner life,
ever loving the Beloved.

Acknowledgments

The translator thanks Archie Hobson for his help with the English text. Thanks, also, to Anthony Antinoro, Ann Ostrovsky, and Enrique Yáñez for their suggestions.

This translation is for Father James Halligan.

Related Readings

Some editions and studies of St. John of the Cross:

Dámaso Alonso, *La Poesía de San Juan de la Cruz (desde esta ladera)*. Aguilar, Madrid 1966.

Crisógono de Jesús, *Vida de San Juan de la Cruz*. Biblioteca de Autores Cristianos, Madrid 1991.

John of the Cross, *Complete Works,* Edited and Translated by E. Allison Peers. Burns, Oates, & Washborne Ltd, London 1953.

John of the Cross, *Selected Writings,* Edited and Translated by Kieran Kavanaugh, O.C.D. Paulist Press, New York 1987.

San Juan de la Cruz, *Obras Completas,* Edited by Lucinio Ruano de la Iglesia. Biblioteca de Autores Cristianos, Madrid 1982.

Ken Krabbenhoft teaches Spanish and Portuguese literature at New York University. He and Ferris Cook collaborated on two anthologies of poetry by Pablo Neruda, *Odes to Common Things* and *Odes to Opposites* (Bulfinch, 1994 and 1995). Among the other authors whose work Ms. Cook has edited and illustrated are Rainer Maria Rilke, Emily Dickinson, and Shakespeare.

Most of the illustrations in this volume are based on sixteenth- and seventeenth-century Spanish paintings by El Greco, Sánchez Cotán, Velázquez, and Zurbarán, among others.